okul - məktəp	2
seyahat - səyəxət	5
ulaşım - transport	8
şehir - şəhər	10
arazi - tirə-yün	14
restoran - restoran	17
süpermarket - supermarket	20
içecekler - eçemleklər	22
yemek - azıq	23
çiftlik - çeftlek	27
ev - yort	31
oturma odası - qunaq bülməse	33
mutfak - aş bülməse	35
banyo - yuınu bülməse	38
çocuk odası - bala bülməse	42
kıyafet - kiyem	44
ofis - ofis	49
ekonomi - iqtisad	51
meslekler - hönərlər	53
aletler - ələtlər	56
müzik enstrümanı - muzıka alətlərə	57
hayvanat bahçesi - xaywan baqçası	59
sporlar - sport törlərə	62
etkinlikler - itkenleklər	63
aile - ğailə	67
vücut - tən	68
hastane - xastaxanə	72
acil - kiçektergesez xəl	76
dünya - Cir	77
saat - səğət	79
hafta - atna	80
yıl - yıl	81
şekiller - şəkellər	83
renkler - töslər	84
zıt anlamlılar - qapma-qarşılıqlar	85
sayılar - sannar	88
diller - tellər	90
kim / ne / nasıl - kem / nərsə / niçek	91
nerede - qayda	92

Impressum
Verlag: BABADADA GmbH, Nedderfeld 112 , 22529 Hamburg
Geschäftsführer / Verlagsleitung: Harald Hof
Druck: Books on Demand GmbH, In de Tarpen 42, 22848 Norderstedt

Imprint
Publisher: BABADADA GmbH, Nedderfeld 112 , 22529 Hamburg, Germany
Managing Director / Publishing direction: Harald Hof
Print: Books on Demand GmbH, In de Tarpen 42, 22848 Norderstedt

okul
məktəp

sınıf / sıynıf bülməsi

böl / bülü 186/2

tahta / taqta

okul bahçesi / məktəp ixatası

öğretmen / uqituçı

kağıt / kəğəz

yazmak / yazarğa

kalem / qələm

masa / östəl

cetvel / sızğıç

kitap / kitap

öğrenci / uqıçı

okul çantası
buqça

kalemlik
qələmdan

kurşun kalem
qırandaş

kalem açacağı
qələm oçlağıç

silgi
betergeç

çizim defteri
rəsem dəftərə

okul - məktəp

çizim
rəsem

resim fırçası
pumala

boya kutusu
buyawlar tartması

makas
qayçı

tutkal
cilem

alıştırma kitabı
dəftər

ödev
öy eşe

sayı
san

ekle
quşu

çıkar
alu

çarp
tapqırlaw

hesapla
isəpləw

harf
xəref

alfabe
əlifba

kelime
süz

okul - məktəp

| metin | okumak | tebeşir |
| tekst | uqırğa | aqbur |

  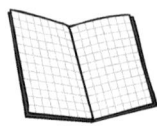 

| ders | kayıt | sınav |
| dəres | sıynıf jurnalı | imtixan |

| sertifika | okul forması | eğitim |
| sertifikat | məktəp forması | məğərif |

| ansiklopedi | üniversite | mikroskop |
| ensiklopediyə | universitə | mikroskop |

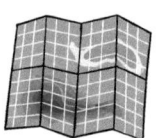 

| harita | kağıt çöp kutusu |
| xarita | çüp qəğəz çiləge |

okul - məktəp

seyahat
səyəxət

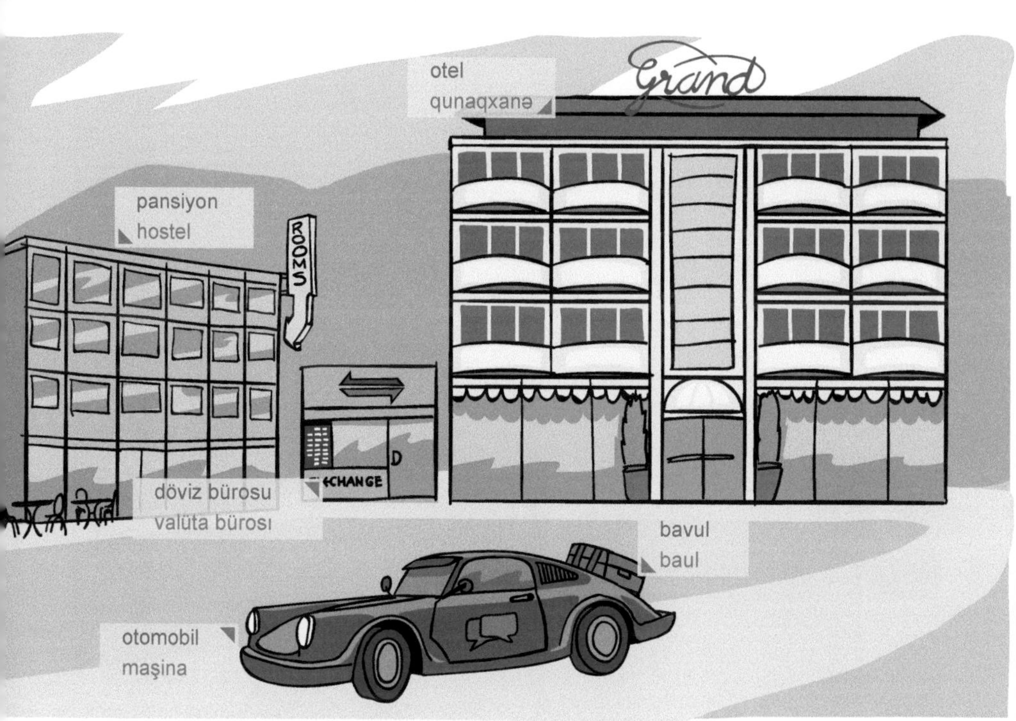

otel
qunaqxanə

pansiyon
hostel

döviz bürosu
valūta bürosı

bavul
baul

otomobil
maşina

dil
tel

evet / hayır
əye / yuq

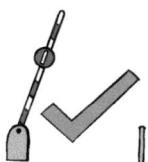

Tamam
yarar

merhaba
isənmesez

çevirmen
tərceməçe

Teşekkür ederim
Rəxmət

seyahat - səyəxət

bu ... ne kadar?
... küpme tora?

anlamadım
min añlamıym

problem
problem

İyi akşamlar!
Xəyerle kiç!

Günaydın!
Xəyerle irtə!

İyi geceler!
Tınıç yoqı!

güle güle
saw bulığız

yön
yünəleş

bagaj
bagaj

çanta
buqça

sırt çantası
biştər

misafir
qunaq

oda
bülmə

uyku tulumu
yoqı qapçığı

çadır
çatır

seyahat - səyəxət

turist danışma
turist məğlüməte

sahil
qomsal

kredi kartı
kredit kərte

kahvaltı
irtənge aş

öğle yemeği
töşlek

akşam yemeği
kiçke aş

Bilet
bilet

asansör
lift

pul
marka

sınır
çik

gümrük
tamğaxanə

elçilik
ilçelek

vize
viza

pasaport
pasport

seyahat - səyəxət

ulaşım
transport

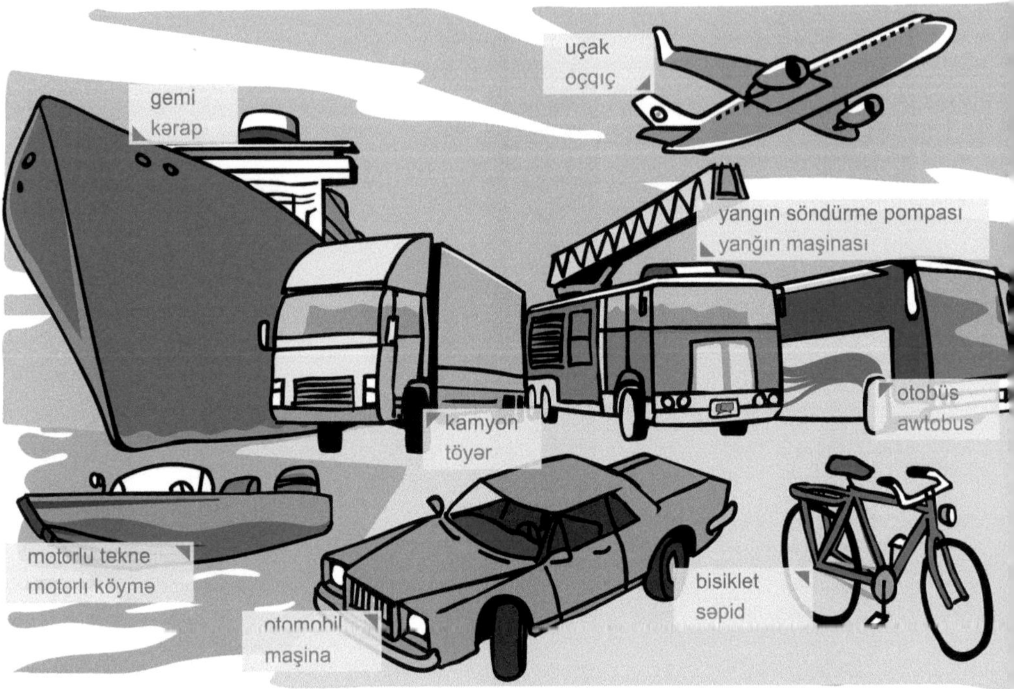

uçak
oçqıç

gemi
kərap

yangın söndürme pompası
yanğın maşinası

otobüs
awtobus

kamyon
töyər

motorlu tekne
motorlı köymə

bisiklet
səpid

otomobil
maşina

feribot
boram

bot
köymə

motosiklet
motosiklət

polis arabası
polisə maşinası

yarış arabası
uzış maşinası

kiralık araba
kiralıq maşina

ulaşım - transport

| ortak araba | çekici | çöp kamyonu |
| karşering | tartuçı | çüp töyəre |

| motor | yakıt | benzinlik |
| motor | yağulıq | benzinlek |

 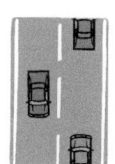 

| trafik işareti | trafik | trafik sıkışıklığı |
| trafik bilgese | xərəkət | böke |

| otopark | tren istasyonu | ray |
| parking | stansa | rəy |

 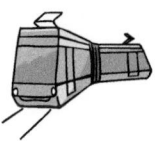 

| tren | tramvay | vagon |
| trən | tramway | vagon |

ulaşım - transport

helikopter
boralaq

havaalanı
hawa alanı

kule
manara

yolcu
yulçı

konteyner
konteyner

koli
alap

yük arabası
yök arbası

sepet
səbət

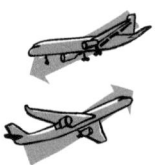
kalkış / iniş
qalqu / töşü

şehir
şəhər

köy
awıl

şehir merkezi
şəhər üzəge

ev
yort

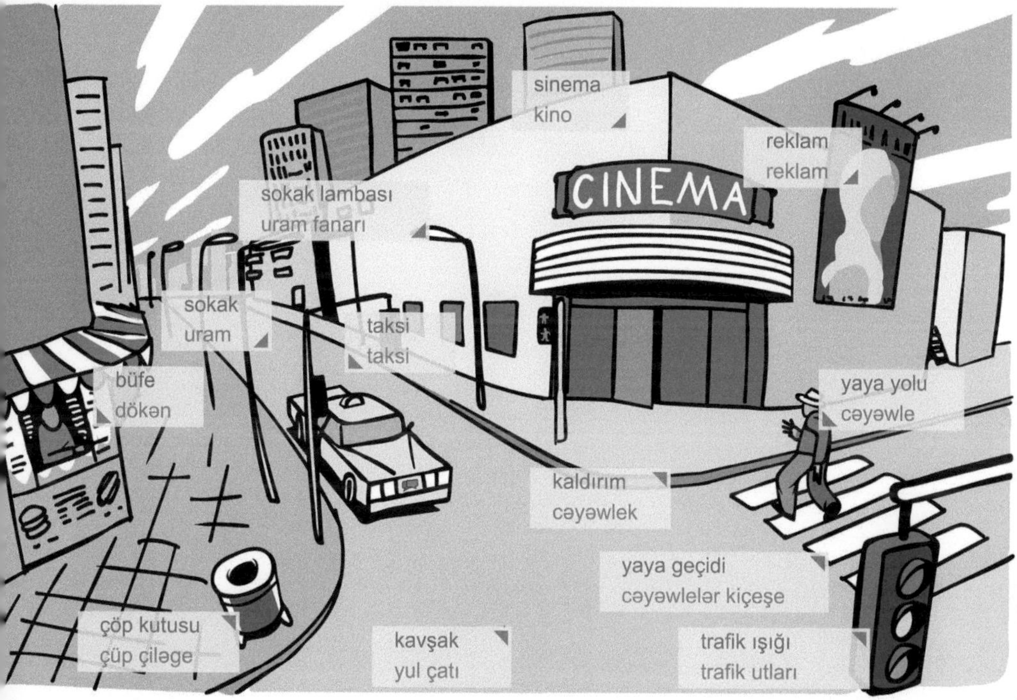

sinema
kino

reklam
reklam

sokak lambası
uram fanarı

sokak
uram

taksi
taksi

büfe
dökən

yaya yolu
cəyəwle

kaldırım
cəyəwlek

yaya geçidi
cəyəwlelər kiçeşe

çöp kutusu
çüp çiləge

kavşak
yul çatı

trafik ışığı
trafik utları

kulübe
alaçıq

apartman dairesi
fatir

tren istasyonu
stansa

belediye binası
şəhər xakimiyəte

müze
yədkərxanə

okul
məktəp

şehir - şəhər

üniversite
universitə

banka
bank

hastane
xastaxanə

otel
qunaqxanə

eczane
daruxanə

ofis
ofis

kitapçı
kitap kibete

mağaza
kibet

çiçekçi
çəçək kibete

süpermarket
supermarket

market
bazar

büyük mağaza
zur kibet

balık satıcısı
balıq kibete

alışveriş merkezi
səwdə üzəge

liman
liman

şehir - şəhər

park
park

bank
eskəmiyə

köprü
küper

merdiven
basqıç

metro
metro

tünel
tunnel

otobüs durağı
awtobus tuqtalışı

bar
bar

restoran
restoran

posta kutusu
yamıl tartması

sokak tabelası
uram bilgese

otopark sayacı
parking sanağıçı

hayvanat bahçesi
xaywan baqçası

yüzme havuzu
xəwezxanə

cami
məçet

şehir - şəhər

çiftlik — kirlilik — mezarlık
çeftlek — kerlelek — zirat

kilise — oyun alanı — tapınak
çirkəw — uyın alanı — ğibädätxanä

arazi
tirə-yün

- yaprak / yafraq
- yön tabelası / yul kürsətkeçe
- yol / yul
- çayır / bolın
- taş / taş
- ağaç / ağaç
- yürüyüşçü / yöreşce
- ırmak / yılğa
- çimen / ülən
- çiçek / çəçək

vadi
üzən

tepe
qalqulıq

göl
kül

orman
urman

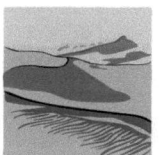

çöl
çül

volkan
yanartaw

kale
nığıtma

gökkuşağı
salawat küpere

mantar
gömbə

palmiye
palma

sivrisinek
çerki

sinek
çeben

karınca
qırmısqa

arı
bal qortı

örümcek
ürməküç

arazi - tirə-yün

böcek	kurbağa	sincap
qoñğız	baqa	tiyen

kirpi	yabani tavşan	baykuş
kerpe	quyan	yabalaq

kuş	kuğu	yaban domuzu
qoş	aqqoş	qaban duñğızı

geyik	geyik	baraj
bolan	poşıy	tuan
	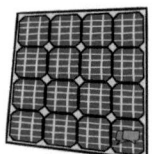	
rüzgar türbini	güneş paneli	iklim
cir turbını	qoyaş panele	iqlim

arazi - tirə-yün

restoran
restoran

- garson / tabınçı
- menü / saylaq
- sandalye / urındıq
- çorba / aş
- pizza / pitsa
- çatal - bıçak / çəneçke-pıçaq taqımı
- masa örtüsü / aşyawlıq

başlangıç
qabımlıq

ana yemek
töp aşamlıq

tatlı
tatlı

içecekler
eçemlekler

yemek
azıq

şişe
şeşə

restoran - restoran

fastfood
fastfud

sokak yemeği
uram rızığı

çaydanlık
çəygün

şekerlik
şikər sawıtı

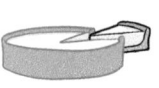
porsiyon
salım

espresso makinesi
espresso maşını

mama sandalyesi
biyek urındıq

fatura
xısap

tepsi
töger

bıçak
pıçaq

çatal
çəneçke

kaşık
qaşıq

çay kaşığı
çəy qaşığı

servis peçetesi
tastımal

bardak
tustağan

restoran - restoran

tabak
tabaq

çorba kasesi
aş tabağı

fincan altlığı
cəypək

sos
sous

tuzluk
toz sawıtı

karabiber değirmeni
borıç tegermәne

sirke
serkə

yağ
sıyıq may

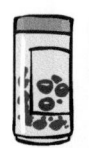
baharat
təmlətkeç

ketçap
ketçup

hardal
xərdəl

mayonez
mayonez

restoran - restoran

süpermarket
supermarket

özel teklif
maxsus təqdim

müşteri
satıp aluçılar

süt ürünleri
süt eşlənmələrə

alışveriş arabası
kibet arbası

meyve
cimeş

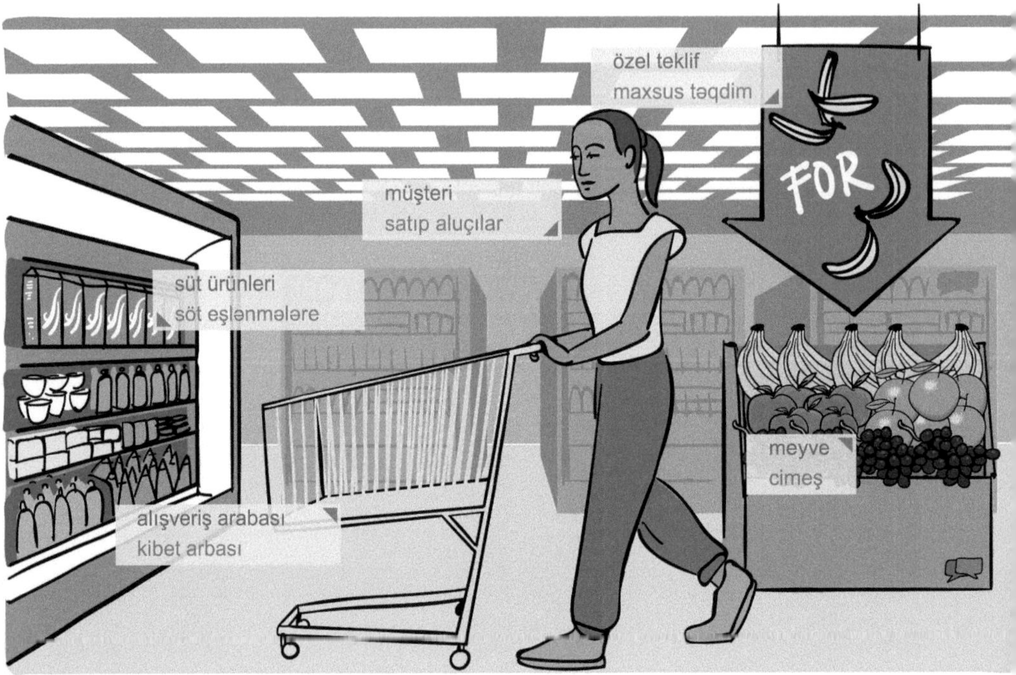

kasap

it kibete

fırın

ikməkxanə

tartmak

ülçəw

sebze

yəşelçə

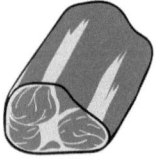

et

it

donmuş gıda

tuñdırılğan aşamlıqlar

süpermarket - supermarket

söğüş et
suıq it

konserve yiyecek
kənsirləngən aşamlıq

toz deterjan
ker tuzı

şekerlemeler
şikərləmələr

ev temizlik ürünleri
öy eşlənmələre

temizlik ürünleri
təmizlek eşlənmələre

satış görevlisi
satuçı

yazar kasa
yazuçı kassa

kasiyer
kassir

alışveriş listesi
satıp alu isemlege

açılış saatleri
eş waqıtı

cüzdan
qalta

kredi kartı
kredit kərte

çanta
buqça

plastik poşet
plastik qapçıq

süpermarket - supermarket

içecekler
eçemleklər

su
su

meyve suyu
sut

süt
söt

kola
kola

şarap
şərəb

bira
sıra

alkol
xəmer

kakao
kakao

çay
çəy

kahve
qəhwə

espresso
espresso

kapuçino
kapuçino

yemek
azıq

muz
banan

elma
alma

portakal
əflisun

kavun
qarbız

limon
limon

havuç
kişer

sarımsak
sarımsaq

bambu
bambu

soğan
suğan

mantar
gömbə

çerez
çikləweklər

makarna
toqmaç

yemek - azıq

spagetti
spagetti

pirinç
döge

salata
salat

cips
çips

patates kızartması
qızdırılğan bərəñge

pizza
pitsa

hamburger
hamburger

sandviç
sandwiç

şinitzel
kətlit

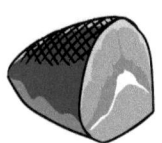

pastırma
ветчина

salam
salami

sosis
sosis

tavuk
tawıq ite

rosto
qızdırma

balık
balıq

yemek - azıq

| yulaf ezmesi | müsli | mısır gevreği |
| solı izməse | müsli | məkkəy keterdege |

| un | kruvasan | küçük ekmek |
| on | kruassan | ipi tügərəge |

| ekmek | tost | bisküvi |
| ikmək | tost | kətərməç |

| tereyağı | kaymak | kek |
| may | eremçek | kəyk |

  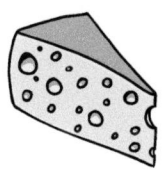

| yumurta | sahanda yumurta | peynir |
| yomırqa | təbə | pəynir |

yemek - azıq

dondurma	şeker	bal
tuñdırma	şikər	bal

reçel	fındık ezmesi	köri
qaynatma	şokolad izməse	karri

yemek - azıq

çiftlik
çeftlek

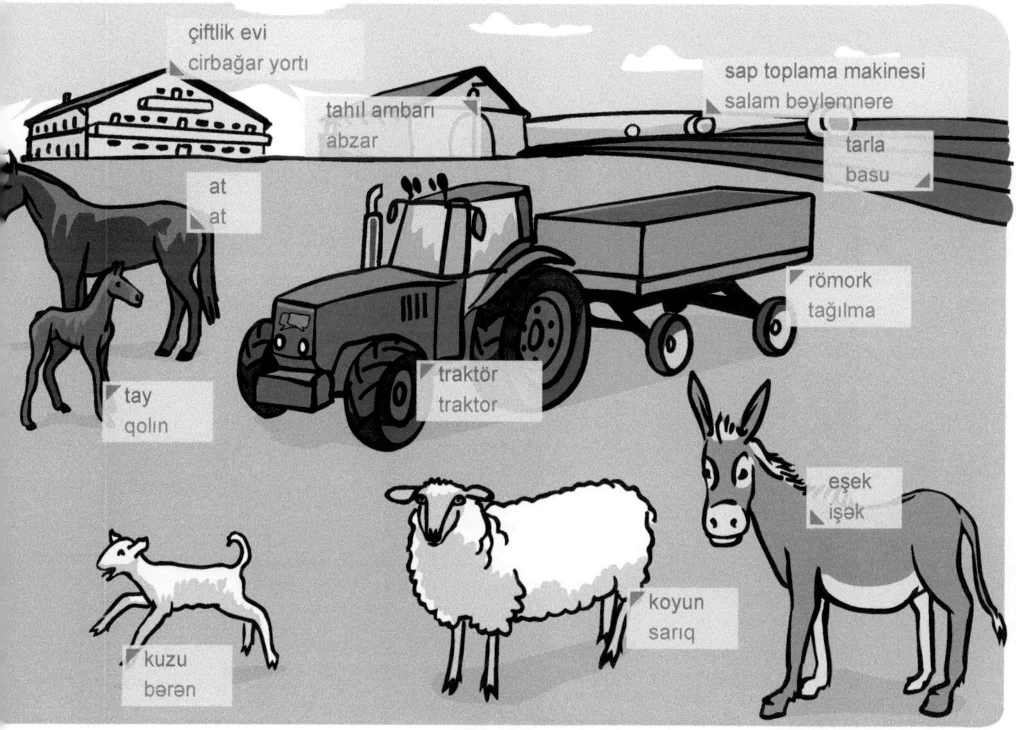

çiftlik evi / cirbağar yortı
tahıl ambarı / abzar
sap toplama makinesi / salam beylemnere
tarla basu
at / at
römork tağılma
tay / qolın
traktör / traktor
eşek / işek
kuzu / berən
koyun sarıq

keçi
kəcə

inek
sıyır

buzağı
bozaw

domuz
duñğız

domuz yavrusu
duñğız balası

boğa
ügez

çiftlik - çeftlek

kaz
qaz

ördek
ürdək

civciv
çebi

tavuk
tawıq

horoz
ətəç

sıçan
küse

kedi
pesi

fare
tıçqan

öküz
eş ügeze

köpek
et

köpek kulübesi
et oyası

bahçe hortumu
baqça xortumı

sulama kabı
susipkeç

tırpan
çalğı

pulluk
saban

çiftlik - çeftlek

orak
uraq

çapa
kitmən

dirgen
sənək

balta
balta

el arabası
qul arbası

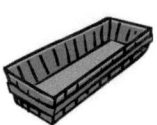
yemlik
tağaraq

süt kovası
söt çiləge

çuval
qapçıq

çit
qoyma

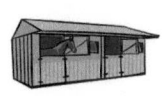
ahır
abzar

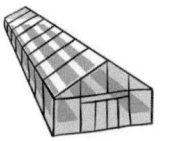
sera
essexanə

toprak
tufraq

tohum
orlıq

gübre
aşlama

biçerdöver
kombayn

hasat etmek
uñış cıyarğa

harman
uñış

tatlı patates
yam

buğday
boday

soya
soya

patates
bərəñge

mısır
məkkəy

kolza
raps

meyve ağacı
cimeş ağaçı

manyok
manyok

hububat
börtekleler

çiftlik - çeftlek

ev
yort

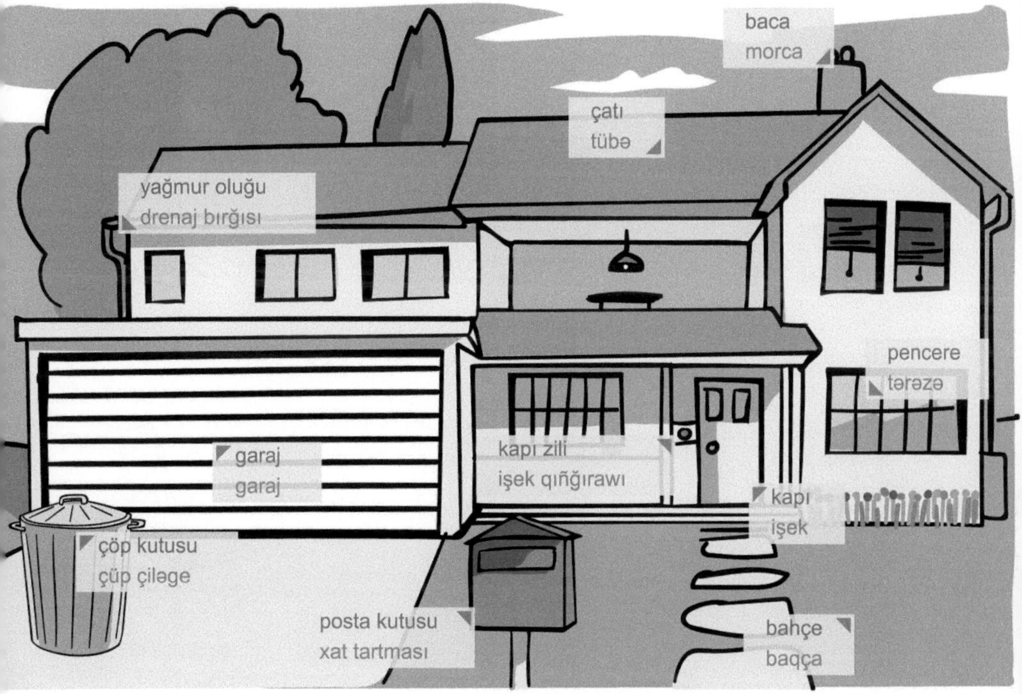

baca
morca

çatı
tübə

yağmur oluğu
drenaj bırğısı

pencere
tərəzə

garaj
garaj

kapı zili
işek qınğırawı

kapı
işek

çöp kutusu
çüp çiləge

posta kutusu
xat tartması

bahçe
baqça

oturma odası
qunaq bülməse

banyo
yuınu bülməse

mutfak
aş bülməse

yatak odası
yataq bülməse

çocuk odası
bala bülməse

yemek odası
aş bülməse

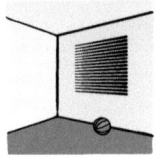
zemin
idän

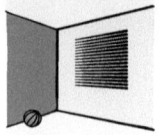
duvar
diwar

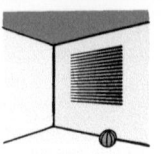
tavan
tüşəm

kiler
tülə

sauna
sawna

balkon
balkon

teras
teras

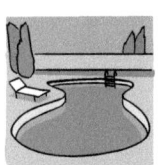
havuz
xəwez

çim biçme makinesi
çirəmçapqıç

çarşaf
cəymə

yatak örtüsü
yataq yapması

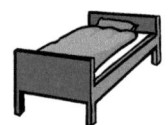
yatak
yataq

süpürge
seberke

kova
çilək

anahtar
özgeç

ev - yort

oturma odası
qunaq bülməse

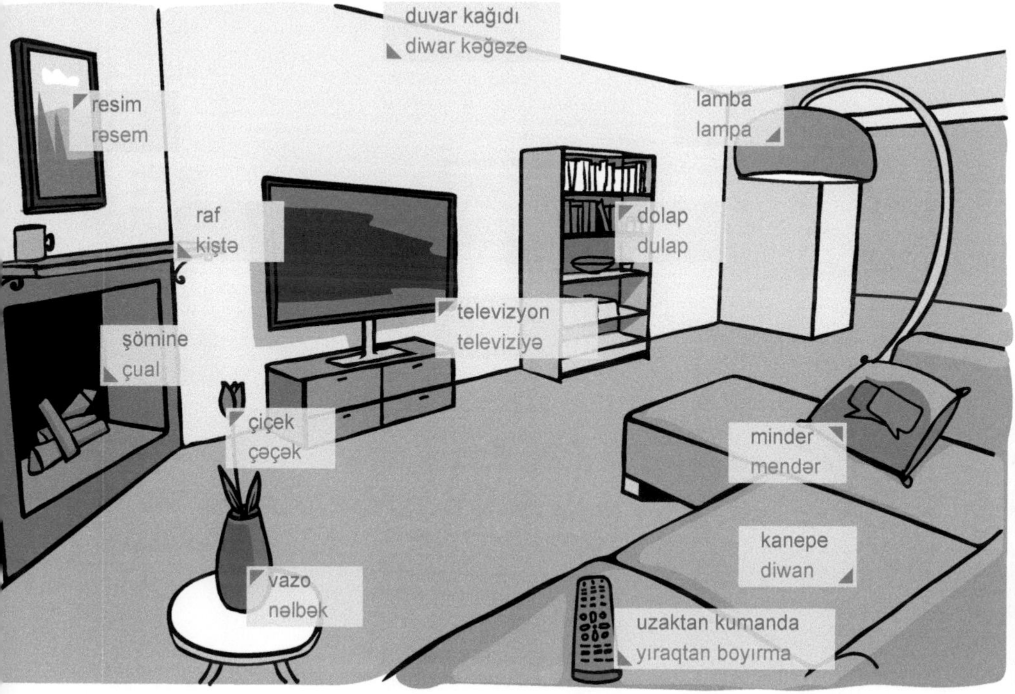

- duvar kağıdı / diwar kəğəze
- resim / rəsem
- lamba / lampa
- raf / kiştə
- dolap / dulap
- şömine / çual
- televizyon / televiziyə
- çiçek / çəçək
- minder / mendər
- kanepe / diwan
- vazo / nəlbək
- uzaktan kumanda / yıraqtan boyırma

halı
keləm

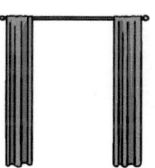

perde
pərdə

masa
östəl

sandalye
urındıq

salıncaklı koltuk
tirbəlmə urındıq

koltuk
kənəfi

kitap	battaniye	dekor
kitap	yapma	dekor

odun	film	hi-fi
utın	film	hi-fi

anahtar	gazete	tablo
açqıç	gəcit	sürət

poster	radyo	defter
poster	radio	quyın dəftərə

elektrikli süpürge	kaktüs	mum
tuzansuırğıç	kaktus	şəm

oturma odası - qunaq bülməse

mutfak
aş bülməse

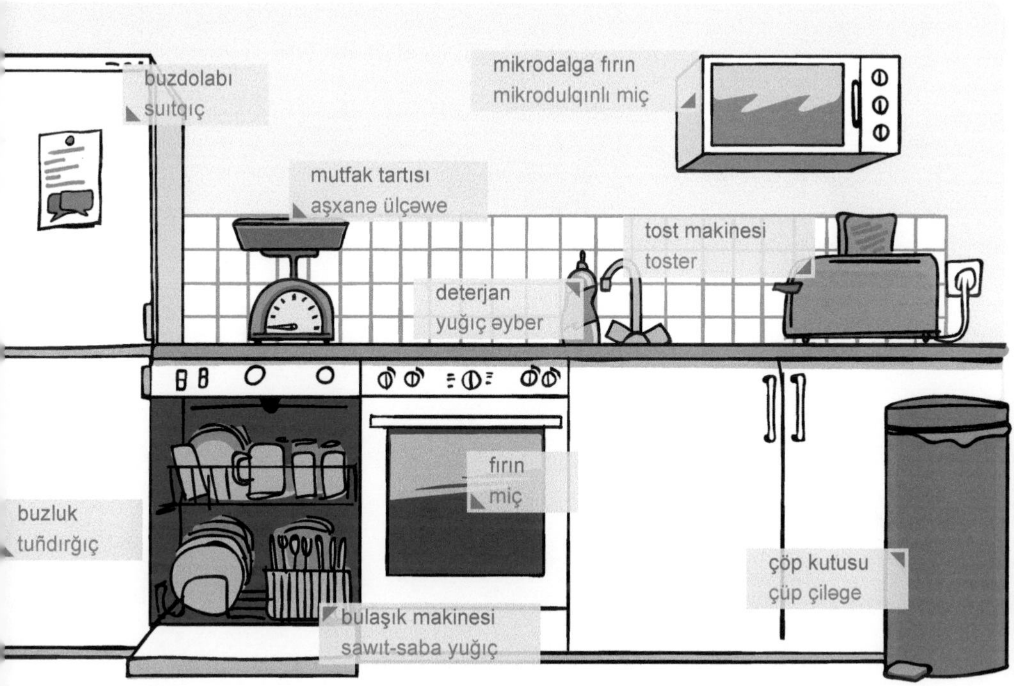

buzdolabı
suıtqıç

mikrodalga fırın
mikrodulqınlı miç

mutfak tartısı
aşxanə ülçəwe

tost makinesi
toster

deterjan
yuğıç əyber

buzluk
tuñdırğıç

fırın
miç

çöp kutusu
çüp çiləge

bulaşık makinesi
sawıt-saba yuğıç

ocak
əwsək

tencere
sağan

döküm tencere
çuyın sağan

wok
wok

tava
taba

su ısıtıcı
çəygün

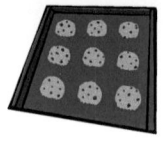

buharlı pişirici

bulı peşergeç

pişirme tepsisi

qalay

tabak takımı

sawıt-saba

kupa

təgəç

kase

kəsə

çubuk (çin yemeği)

aşaw tayaqçıqları

kepçe

uoaw

spatula

spatula

çırpma teli

tuğlağıç

süzgeç

sözgeç

elek

ilək

rende

qırğıç

havan

kile

barbekü

barbekü

açık ateş

açıq uçaq

mutfak - aş bülməse

kesme tahtası
taqta

merdane
uqlaw

tirbüşon
böke suırğıç

konserve kutusu
metal tartma

konserve açacağı
kənsir açqıç

fırın eldiveni
miç biyələye

evye
kirşən

fırça
fırça

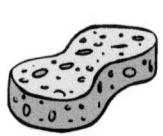
sünger
bolıt

blender
blender

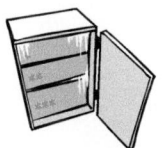
derin dondurucu
tirən tuńdırğıç

biberon
imezlekle şeşə

musluk
çömək

mutfak - aş bülməse

banyo
yuınu bülməse

- ısıtma
  cılıtu
- havlu
  sölge
- duş
  duş
- köpük banyosu
  kübekle vanna
- duş perdesi
  duş pərdəse
- küvet
  vanna
- bardak
  tustağan
- çamaşır makinesi
  ker yuğıç
- musluk
  çömək
- fayans
  fayans
- lazımlık
  lazemlek
- evve
  kirşən

tuvalet
bədrəf

alaturka tuvalet
törekçə bədrəf

bide
bide

pisuvar
pissuar

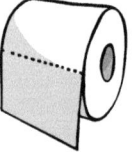

tuvalet kağıdı
bədrəf kəğəze

tuvalet fırçası
bədrəf fırçası

diş fırçası
teş fırçası

diş macunu
teş məğcüne

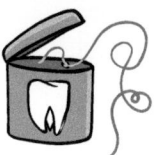
diş ipi
teş cebe

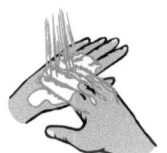
yıkamak
yuarğa

duş başlığı
duş başlığı

duş başlığı şeklinde taharet musluğu
duş

küvet
kirşən

banyo fırçası
arqa fırçası

sabun
sabın

duş jeli
duş señəle

şampuan
şampun

banyo lifi
munçala

gider
ağım

krem
krem

deodorant
dezodorant

banyo - yuınu bülməse

ayna
közge

el aynası
qul közgese

jilet
östərə

tıraş köpüğü
qırınu kübege

tıraş losyonu
qırınu losyonı

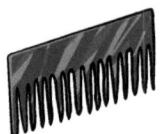

tarak
taraq

fırça
fırça

saç kurutma makinesi
fön

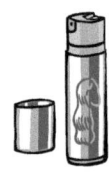

saç spreyi
çəç sprəye

makyaj
makiyaj

ruj
iren innege

tırnak cilası
tırnaq cələse

pamuk
mamıq

tırnak makası
tırnaq qayçısı

parfüm
xuşbuy

banyo - yuınu bülməse

makyaj çantası   tabure   tartı
makiyaj buqçası   utırğıç   ülçəw

bornoz   lastik eldiven   tampon
çoba   rezin iləsə   tampon

kadın pedi   kimyevi tuvalet
higiyenik pəd   kimiyəwi bədrəf

banyo - yuınu bülməse   41

çocuk odası
bala bülməse

çalar saat
uyatqıç səğət

peluş oyuncak
yomşaq uyınçıq

oyuncak araba
uyınçıq maşina

bebek evi
qurçaq yoılı

hediye
bülək

çıngırak
şaltırawıq

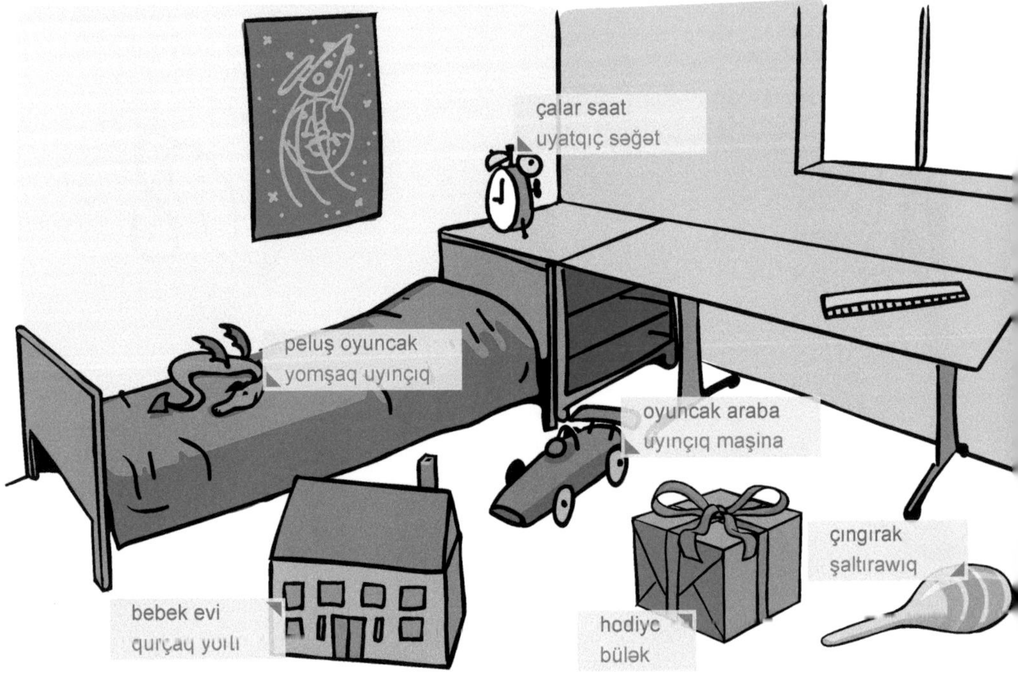

balon
hawa şarı

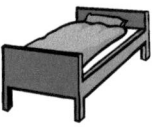
yatak
yataq

bebek arabası
bəbi arbası

kart destesi
kərt dəstəse

yapboz
pazl

çizgi roman
komiks

çocuk odası - bala bülməse

lego tuğlaları   lego blokları   aksiyon figürü
lego kirpeçləre   şaqmaqlar   uyın sınçığı

 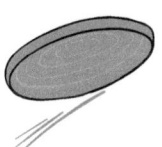 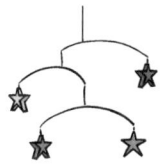

zıbın   frizbi   dönence
zıbın   frisbi   mobil

masa oyunu   zar   model tren seti
östəl uyını   uyın taşı   trən modele cıyılması

emzik   parti   resimli kitap
imezlek   kiçə   rəsemle kitap

top   oyuncak bebek   oynamak
tup   qurçaq   uynarğa

çocuk odası - bala bülməse

kum havuzu
qomlıq

salıncak
tağan

oyuncaklar
uyınçıqlar

video oyun konsolu
uyın quşması

üç tekerlekli bisiklet
öç köpçəkle səpid

oyuncak ayı
uyınçıq ayu

gardırop
kiyəm dulabı

kıyafet
kiyem

çorap
oyıqbaş

külotlu çorap
oyıq

tayt
oyığıştan

eşarp
şarf

şemsiye
qulçatır

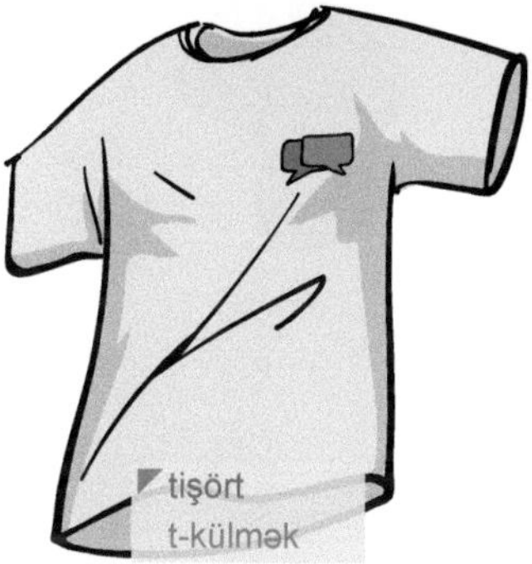

kemer
qayış

tişört
t-külmək

spor ayakkabı
sport ayaq kiyeme

bot
itek

terlik
çəpələy

sandalet
sandallar

ayakkabı
ayaq kiyeme

lastik çizme
rezin itek

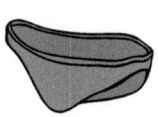

külot
tənban

sütyen
tüşti

yelek
cələk

dar bluz
bodi

pantolon
çalbar

kot pantolon
jins

etek
itək

bluz
bluz

gömlek
külmək

kazak
sviter

süveter
hudı

blazer
bleyzer

ceket
jaket

mont
bişmət

yağmurluk
yañğırlıq

kostüm
kəçtüm

elbise
külmək

gelinlik
tuy külməge

kıyafet - kiyem

takım elbise / taqım kiyem

gecelik / tönge külmək

pijama / pijama

sari / sari

baş örtüsü / yawlıq

türban / çalma

burka / burqa

kaftan / çapan

çarşaf / abaya

mayo / qoyınu kiyeme

erkek mayosu / yözü tənbanı

şort / şort

eşofman / sport kiyeme

önlük / alyapqıç

eldiven / iləsə

kıyafet - kiyem

düğme
töymə

gözlük
küzlek

bilezik
beləzek

kolye
muyınsa

yüzük
baldaq

küpe
alqa

kep
kəpəç

portmanto
elgeç

şapka
eşləpə

kravat
muyınbaw

fermuar
zıncır

kask
oçlam

pantolon askısı
çalbar asması

okul forması
məktəp forması

üniforma
forma

kıyafet - kiyem

mama önlüğü
balalar kükrəkçəse

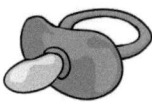
emzik
imezlek

bebek bezi
küzələ

ofis
ofis

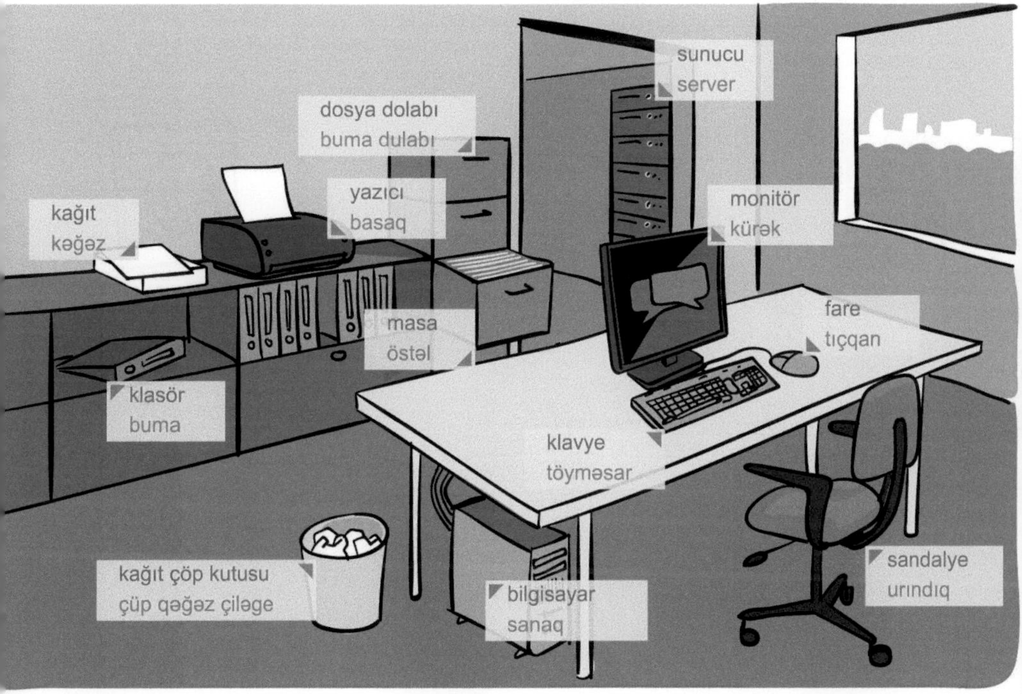

- sunucu / server
- dosya dolabı / buma dulabı
- yazıcı / basaq
- monitör / kürək
- kağıt / kəğəz
- fare / tıçqan
- masa / östəl
- klasör / buma
- klavye / töyməsar
- kağıt çöp kutusu / çüp qəğəz çiləge
- bilgisayar / sanaq
- sandalye / urındıq

kahve fincanı
qəhwə təgəçe

hesap makinesi
sansanar

internet
internet

ofis - ofis

dizüstü	mektup	mesaj
ləptop	xat	xəbər

cep telefonu	ağ	fotokopi makinesi
kesə telefonı	çeltər	fotokopyaçı

yazılım	telefon	priz
program təminatı	telefon	ayırğıç

 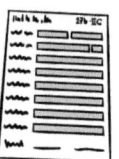 

faks makinesi	form	belge
faks	form	dokument

ofis - ofis

ekonomi
iqtisad

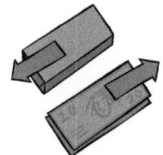
satın almak
satıp alırğa

ödemek
tülərgə

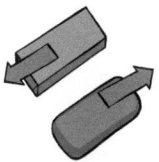
ticaret yapmak
səwdə itərgə

para
aqça

 USD

dolar
dollar

 EUR

avro
euro

 JPY

yen
yen

 RUB

ruble
sum

 CHF

İsviçre frangı
frank

 CNY

Çin yuanı
yuan

 INR

rupi
rupi

kasa
bankomat

döviz bürosu valüta bürosı	altın altın	gümüş kömeş

petrol qaramay	enerji energiyə	fiyat bəyə
		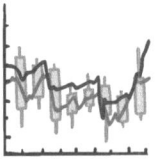
kontrat kontrakt	vergi salım	menkul değer stok

çalışmak eşlərgə	işveren eşçe	işçi eş birüçe

fabrika fabrika	mağaza kibet	

ekonomi - iqtisad

meslekler
hönərlər

polis memuru
polisə xezmətkəre

itfaiyeci
yanğın sünderüçe

aşçı
aşçı

doktor
tabib

pilot
oçuçı

bahçıvan
baqçaçı

marangoz
ağaç ostası

terzi
tegüçe

hakim
xökemçe

kimyager
kimiyəçe

aktör
aktor

meslekler - hönərlər

otobüs şoförü	taksi şoförü	balıkçı
awtobus yörtüçe	taksiçe	balıqçı

temizlikçi	çatı ustası	garson
cıyıştıruçı xatın	tübə yabuçı	tabınçı

avcı	boyacı	fırıncı
awgı	rəssam	ikməkçe

elektrikçi	inşaatçı	mühendis
elektrçı	tözüçe	möhəndis

kasap	muslukçu	postacı
itçe	çöməkçe	yamılçı

meslekler - hönərlər

asker
ğəskəri

mimar
miğmar

kasiyer
kassir

çiçekçi
çəçəkçe

kuaför
çəçtaraş

kondüktör
konduktor

tamirci
mekanik

kaptan
kapitan

dişçi
teş tabibı

bilim insanı
ğalim

haham
rabbi

imam
imam

keşiş
kəşiş

rahip
ruxani

meslekler - hönərlər

aletler
ələtlər

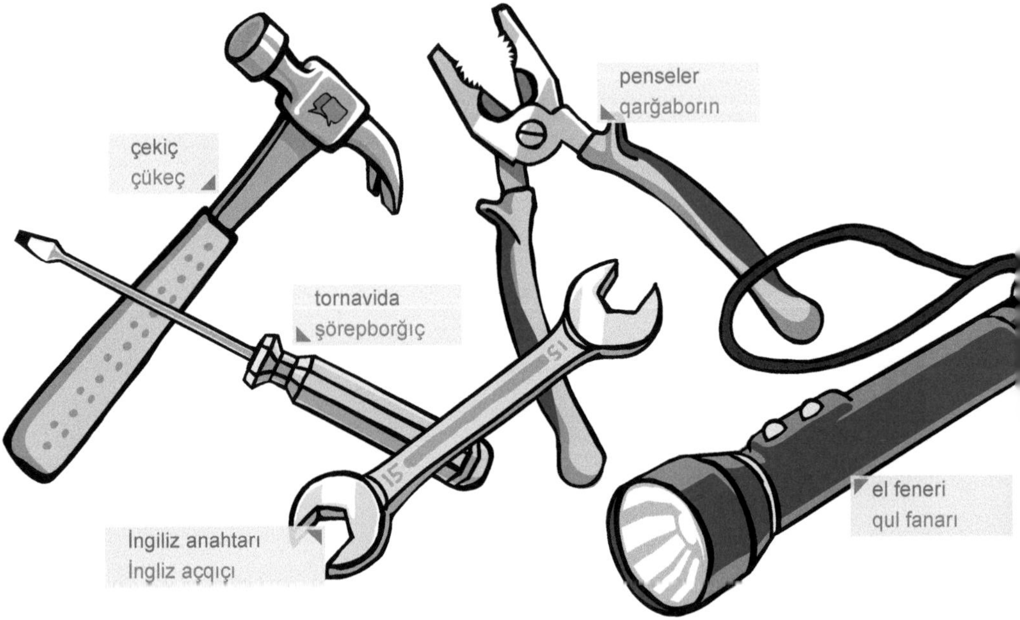

çekiç
çükeç

penseler
qarğaborın

tornavida
şörepborğıç

İngiliz anahtarı
İngliz açqıçı

el feneri
qul fanarı

kazı makinesi
qazu maşinası

alet çantası
ələt buqçası

merdiven
basqıç

testere
pıçqı

çiviler
qadaqlar

matkap
dril

aletler - ələtlər

tamir etmek
tözəterge

kürek
körək

Kahretsin!
Şaytan alğırı!

faraş
sosqı

boya tenekesi
buyaw sawıtı

vidalar
mıqlar

müzik enstrümanı
muzıka alətləre

kontrbas
kontrabas

bateri seti
dawılbaz taqımı

trompet
bırğı

hoparlör
tawış köçəytkeç

gitar
gitar

piyano

piano

keman

kəmən

basgitar

bas gitar

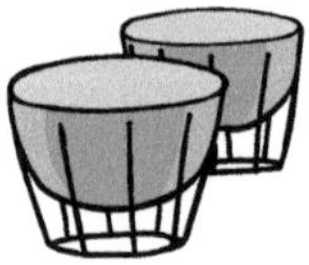

timpani

timpani

bateri

dawılbaz

klavye

töyməsar

saksafon

saksofon

flüt

flül

mikrofon

mikrofon

hayvanat bahçesi
xaywan baqçası

- giriş / kerü
- kaplan / yulbarıs
- kafes / çitlek
- zebra / zebra
- hayvan yemi / terlek azığı
- panda / panda

hayvanlar
xaywannar

fil
fil

kanguru
köngerə

gergedan
kərkədən

goril
gorilla

ayı
ayu

deve
döyə

deve kuşu
təwə qoşı

aslan
arıslan

maymun
maymıl

flamingo
flamingo

papağan
tutıy qoş

kutup ayısı
aq ayu

penguen
pingwin

köpek balığı
kupek balığı

tavus kuşu
tawis

yılan
yılan

timsah
timsax

hayvanat bahçesi görevlisi

xaywan baqçası xezmətkəre

fok
suete

jaguar
yaguar

hayvanat bahçesi - xaywan baqçası

| midilli atı | leopar | su aygırı |
| poni | qaplan | su ayğırı |

| zürafa | kartal | yaban domuzu |
| zörəfə | börket | qaban duñğızı |

| balık | kaplumbağa | mors |
| balıq | taşbaqa | morşa |

| tilki | ceylan |
| tölke | ğəzəl |

sporlar
sport törləre

etkinlikler
itkenleklər

- gülmek / kölərgə
- atlamak / sikerergə
- sarılmak / qoçaqlarğa
- yürümek / yörergə
- söylemek / cırlarğa
- hayal etmek / xıyallanırğa
- dua etmek / ğibədət qılırğa
- öpmek / übərgə

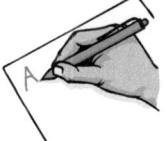

yazmak
yazarğa

çizmek
rəsem yasarğa

göstermek
kürsətergə

itmek
etərgə

vermek
birergə

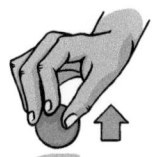

almak
alırğa

etkinlikler - itkenleklər

sahip olmak
iyə bulırğa

yapmak
eşlərgə

olmak
bulırğa

ayakta durmak
basıp torırğa

koşmak
yögerergə

çekmek
tartırğa

atmak
taşlarğa

düşmek
yığılırğa

yalan söylemek
yatarğa

beklemek
kötərgə

taşımak
taşırğa

oturmak
utırırğa

giyinmek
kiyenergə

uyumak
yoqlarğa

uyanmak
uyanırğa

bakmak
qararğa

ağlamak
yılarğa

vurmak
sıyparğa

taramak
tararğa

konuşmak
söyləşergə

anlamak
añlarğa

sormak
sorarğa

dinlemek
tıñlarğa

içmek
eçərgə

yemek
aşarğa

düzenlemek
cıyıştırınırğa

sevmek
söyərgə

pişirmek
peşerergä

sürmek
sörergə

uçmak
oçarğa

etkinlikler - itkenlekler

denize açılmak	hesapla	okumak
diñgezgə açılu	isəpləw	uqırğa

öğrenmek	çalışmak	evlenmek
öyrənergə	eşlərgə	öylənergə

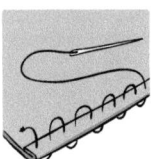 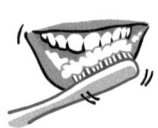 

dikmek	diş fırçalamak	öldürmek
tegərgə	teş fırçalarğa	ütərorgo

sigara içmek	yollamak
təməke tartırğa	cibərergə

etkinlikler - itkenleklər

aile
ğailə

büyükanne / əbi

büyükbaba / babay

baba / ata

anne / ana

bebek / sabıy

kız / qız

oğul / ul

misafir
qunaq

teyze
apa

amca
abıy

erkek kardeş
abıy / ene

kız kardeş
apa / señel

aile - ğailə

vücut
tən

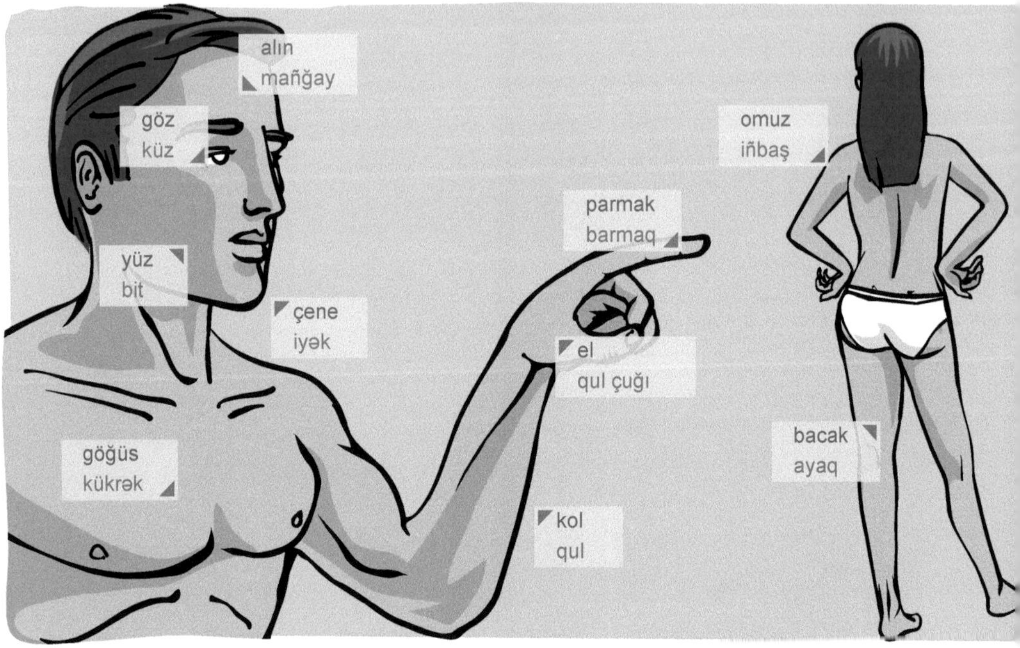

alın
mañğay

göz
küz

omuz
iñbaş

parmak
barmaq

yüz
bit

çene
iyək

el
qul çuğı

göğüs
kükrək

bacak
ayaq

kol
qul

bebek

sabıy

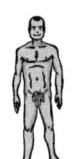

adam

ir

kadın

xatın

kız

qız

erkek çocuk

malay

baş

baş

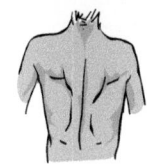
sırt
arqa

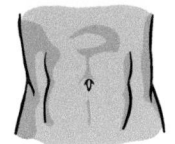
karın
eç

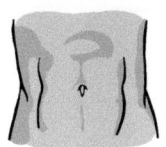
göbek
kendek

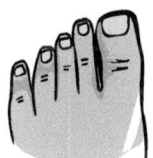
ayak parmağı
ayaq barmağı

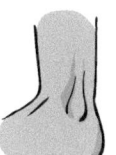
topuk
ükçə

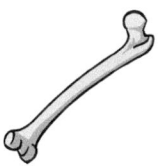
kemik
söyək

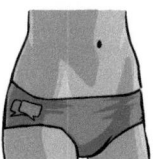
kalça
bot

diz
tez

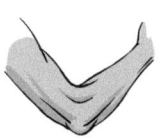
dirsek
tersək

burun
borın

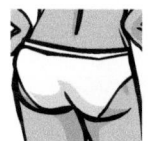
kalça
art san

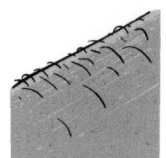
deri
tire

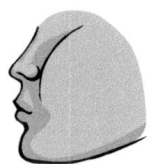
yanak
yañaq

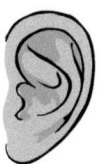
kulak
qolaq

dudak
iren

vücut - tən

ağız
awız

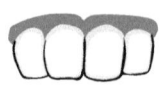
diş
teş

dil
tel

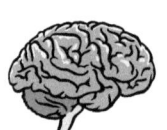
beyin
mi

kalp
yörək

kas
ğəzlə

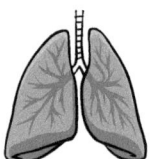
akciğer
üpkə

karaciğer
bawır

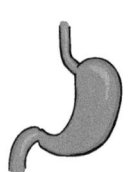
mide
aşqazanı

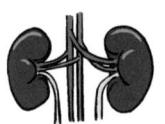
böbrekler
böyerlər

seks
seks

prezervatif
prezervativ

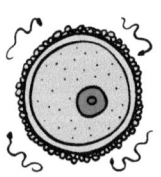
yumurtalık
kükəy küzənək

sperm
məni

hamilelik
kömən

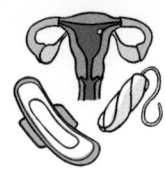

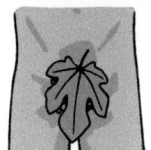

regl / kürem

vajina / vagina

penis / penis

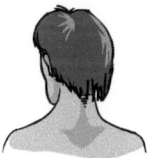

kaş / qaş

saç / çəçlər

boyun / muyın

vücut - tən

hastane
xastaxanə

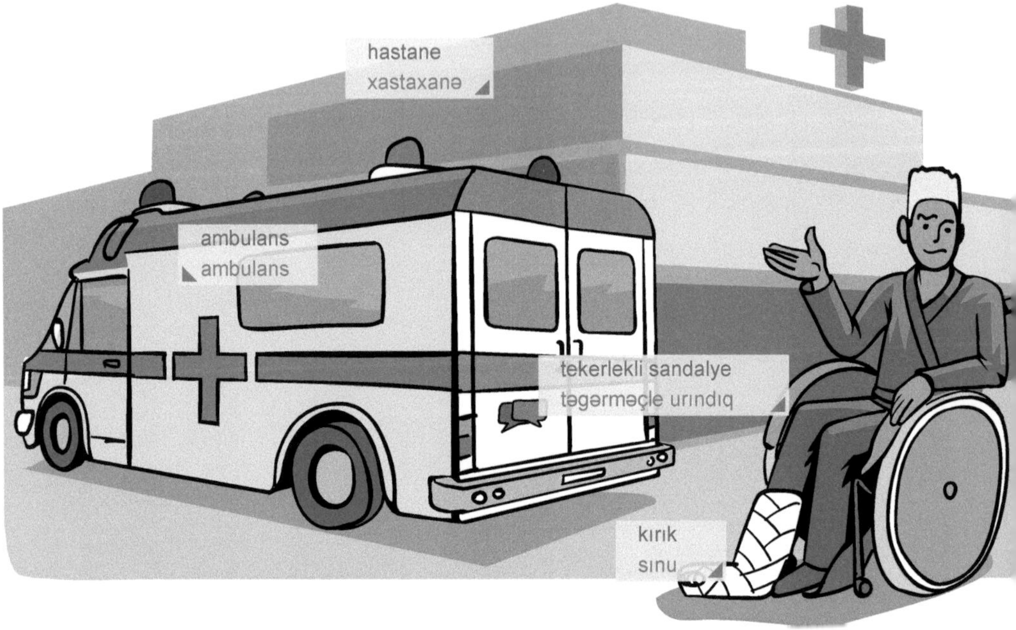

doktor
tabib

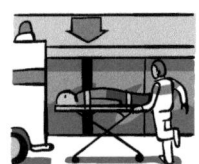
acil servis
aşığıç yərdəm bülməsə

hemşire
şəfqət tutaşı

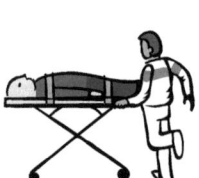
acil
kiçektergesez xəl

baygın
añsız

acı
awırtu

yaralanma
cərəxətlənü

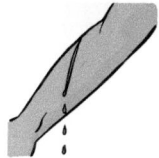
kanama
qan ağu

kalp krizi
infarkt

felç
insult

alerji
allergiyə

öksürük
yütəl

ateş
qızu

grip
grip

ishal
eç kitü

baş ağrısı
baş awırtu

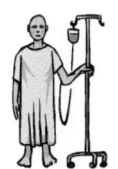
kanser
yaman şeş

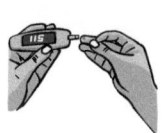
şeker hastalığı
diabet

cerrah
xirurg

neşter
skalpel

operasyon
ğəməliyət

hastane - xastaxanə

bilgisayarlı tomografi
ST

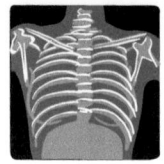
röntgen
röntgen

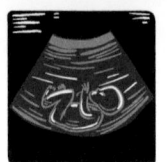
ultrason
ultratawış

yüz maskesi
bitlek

hastalık
awıru

bekleme odası
kötü bülməse

koltuk değneği
qultıq tayağı

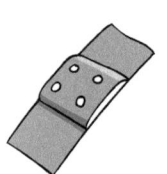
yara bandı
plaoter

bandaj
bəyləweç

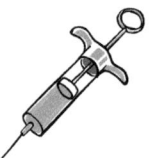
enjeksiyon
qadaw

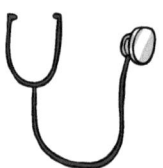
steteskop
stetoskop

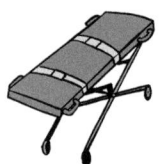
sedye
sədiyə

tıbbi termometre
klinik termometr

doğum
tuu

fazla kilo
artıq awırlıq

hastane - xastaxanə

işitme cihazı
işetü cihazı

dezenfektan
dezinfektant

enfeksiyon
yoğış

virüs
virus

HIV / AIDS
KİV / BİDS

ilaç
daru

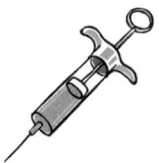
aşı
vaksinalanu

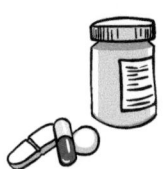
tablet
tabletlər

hap
kontraseptiv tablet

acil çağrı
aşığıç çaqıru

tansiyon aleti
qan basımı ülçəgeçe

hasta / sağlıklı
awıru / sələmət

hastane - xastaxanə

acil
kiçektergesez xəl

İmdat!	 alarm	 darp
Qotqarığız!	xəwef tawışı	höcüm

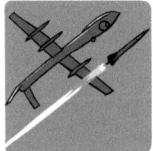 saldırı	 tehlike	 acil çıkış
höcüm	qurqınıç	aşığıç çığu

Yangın!	 yangın tüpü	 kaza
Yanğın!	ut sündergeç	qaza

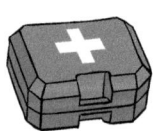 ilk yardım çantası	 imdat	 polis
berençe yərdəm buqçası	SOS	polisə

dünya
Cir

Avrupa
Awrupa

Kuzey Amerika
Tönyaq Amerika

Güney amerika
Könyaq Amerika

Afrika
Afrika

Asya
Asya

Avustralya
Awstralya

Atlantik
Atlantik okean

Pasifik
Tın okean

Hint Okyanusu
Hind okeanı

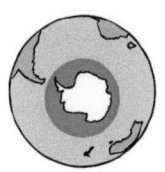

Antarktika Okyanusu
Antarktik okean

Arktik Okyanusu
Arktik okean

Kuzey Kutbu
Tönyaq qotıp

Güney Kutbu	Antarktika	dünya
Könyaq qotıp	Antarktika	Cir
		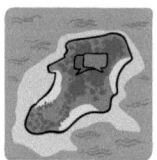
kara	deniz	ada
qorı cir	diñgez	utraw
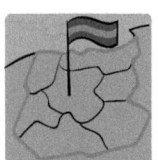	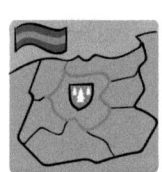	
ulus	ülke	
millət	dowlot	

saat
səğət

kadran
səğət bite

akrep
səğət uğı

yelkovan
minut uğı

saniye ibresi
sekund uğı

Saat kaç?
Səğət niçə?

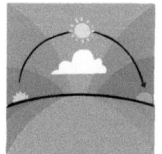
gün
kön

zaman
waqıt

şimdi
xəzer

dijital saat
dijital səğət

dakika
minut

saat
səğət

saat - səğət

hafta
atna

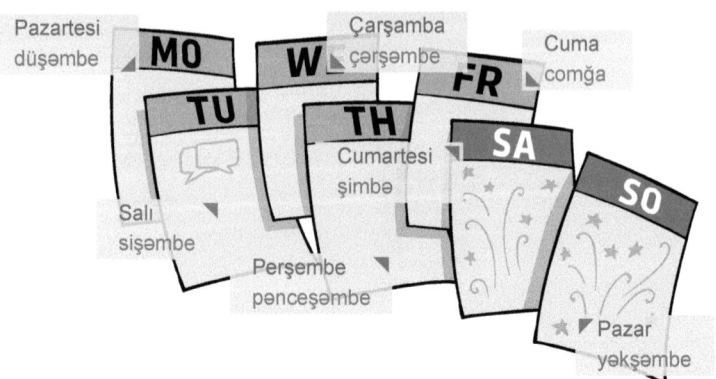

dün
kiçə

bugün
bügen

yarın
irtəgə

sabah
irtə

öğle
töş

akşam
kiç

iş günleri
eş könnəre

hafta sonu
yal könnəre

yıl
yıl

yağmur / yañğır

gökkuşağı / salawat küpere

rüzgar / cil

kara / qar

bahar / yaz

yaz / cəy

sonbahar / köz

kış / qış

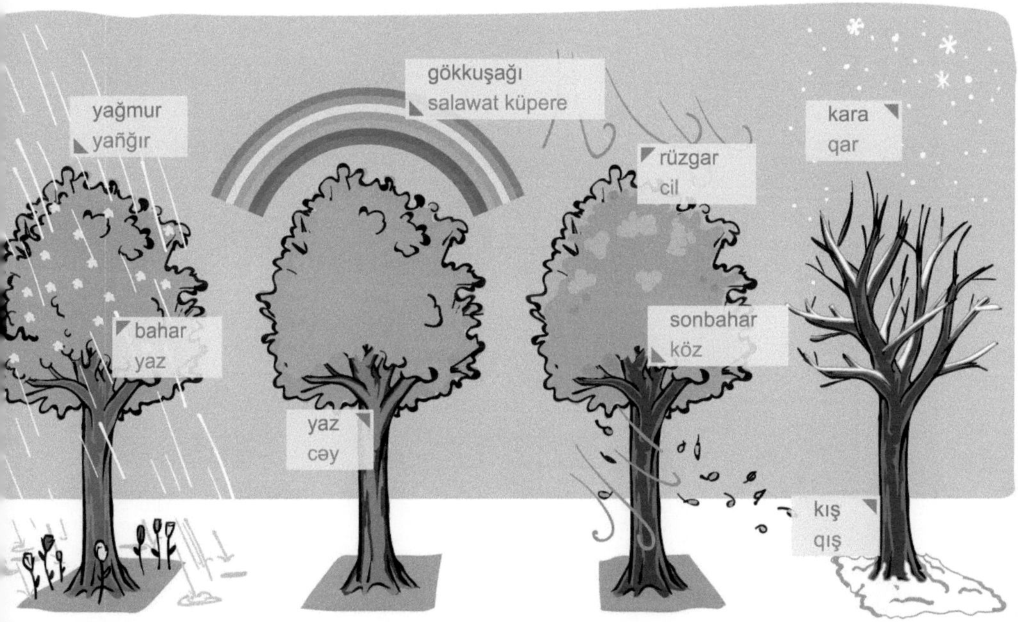

hava durumu tahmini
hawa torışı

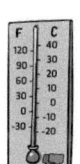

termometre
termometr

güneş ışığı
qoyaş yaqtısı

bulut
bolıt

sis
toman

nem
dımlılıq

yıl - yıl

şimşek
yəşen

gök gürültüsü
kük kükrəw

fırtına
dawıl

dolu
boz

muson
musson

sel
su basu

buz
boz

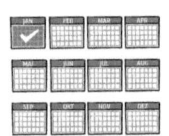

Ocak
Qırlaç

Şubat
Aqman

Mart
Buşay

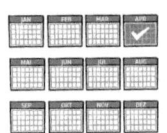

Nisan
Yañarış

Mayıs
Saban

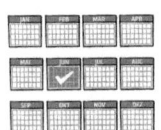

Haziran
Çereşmə

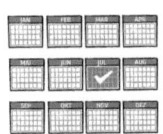

Temmuz
Peçən

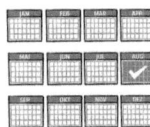

Ağustos
Uraq

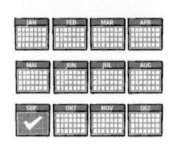
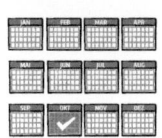
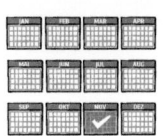

Eylül　　　　　　　Ekim　　　　　　　Kasım
Indır　　　　　　　Bilek　　　　　　　Qaraköz

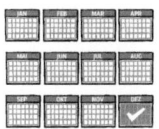

Aralık
Kerəw

şekiller
şəkellər

daire　　　　　　　kare　　　　　　　dikdörtgen
tügərək　　　　　　dürtkel　　　　　　turıpoçmaq

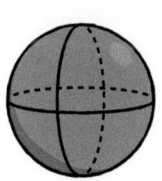
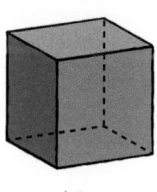

üçgen　　　　　　　küre　　　　　　　küp
öçpoçmaq　　　　　körrə　　　　　　　kub

şekiller - şəkellər

renkler
töslər

| beyaz | sarı | turuncu |
| aq | sarı | qızğılt sarı |

| pembe | kırmızı | mor |
| al | qızıl | şəməxə |

| mavi | yeşil | kahverengi |
| zəñgər | yəşel | körən |

| gri | siyah |
| sorı | qara |

zıt anlamlılar
qapma-qarşılıqlar

çok / az   kızgın / sakin   güzel / çirkin
küp / az   usal / tınıç   matur / yəmsez

başlangıç / son   büyük / küçük   parlak / karanlık
baş / axır   zur / keçkenə   yaqtı / qarañğı

erkek kardeş / kız kardeş   temiz / kirli   tamam / eksik
abıy, ene / apa, señel   taza / pıçraq   təmam / təmamlanmağan

gün / gece   ölü / canlı   geniş / dar
kön / tön   üle / tere   kiñ / tar

yenilebilir / yenilemez

aşarğa yaraqlı / aşarğa yaraqsız

kötü / iyi

yaman / yaxşı

heyecanlı / sıkılmış

dulqınlanğan / yalıqqan

şişman / zayıf

yuan / yabıq

ilk / son

berençe / soñğı

dost / düşman

dus / doşman

dolu / boş

tulı / buş

sert / yumuşak

qatı / yomşaq

ağır / hafif

awır / ciñel

açlık / susuzluk

açlıq / susaw

hasta / sağlıklı

awıru / sələmət

yasa dışı / yasal

qanunsız / qanunlı

zeki / aptal

aqıllı / aqılsız

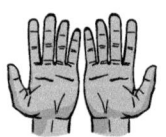

sol / sağ

sul / uñ

yakın / uzak

yaqın / yıraq

zıt anlamlılar - qapma-qarşılıqlar

yeni / kullanılmış
yaña / qullanılğan

hiçbir şey / bir şey
hiçnərsə / nərsəder

yaşlı / genç
ölkən / yəş

açma / kapama
abızdırılğan / sünderelgən

açık / kapalı
açıq / yabıq

sessiz / gürültülü
tawışsız / göreltele

zengin / fakir
bay / yarlı

doğru / yanlış
döres / yalğış

pürüzlü / düz
qıtırşı / şoma

üzgün / mutlu
küñelsez / küñelle

kısa / uzun
qısqa / ozın

yavaş / hızlı
aqrın / tiz

ıslak / kuru
dımlı / qorı

sıcak / serin
cılı / salqın

savaş / barış
suğış / tınıçlıq

zıt anlamlılar - qapma-qarşılıqlar

sayılar
sannar

0
sıfır
sıfır

1
bir
ber

2
iki
ike

3
üç
öç

4
dört
dürt

5
beş
biş

6
altı
altı

7
yedi
cide

8
sekiz
sigez

9
dokuz
tuğız

10
on
un

11
on bir
unber

12
on iki
unike

13
on üç
unöç

14
on dört
undürt

15
on beş
unbiş

16
on altı
unaltı

17
on yedi
uncide

18
on sekiz
unsigez

19
on dokuz
untuğız

20
yirmi
yegerme

100
yüz
yöz

1.000
bin
meñ

1.000.000
milyon
million

diller
tellər

İngilizce   Amerikan İngilizcesi   Çince (Mandarin)
inglizcə   Amerika inglizcəse   Mandarin qıtayçası

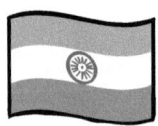 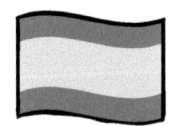 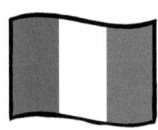

Hintçe   İspanyolca   Fransızca
hindi   İspança   Fransızça

 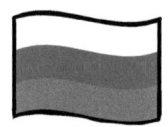 

Arapça   Rusça   Portekizce
Ğərəpçə   Rusça   Portugalça

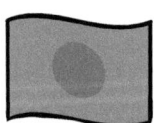 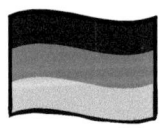 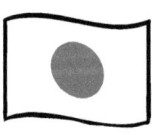

Bengalce   Almanca   Japonca
Bengali   Almança   Yaponça

kim / ne / nasıl
kem / nərsə / niçek

ben
min

sen
sin

o
ul / ul / ul

biz
bez

siz
sez

onlar
alar

kim?
kem?

ne?
nərsə?

nasıl?
niçek?

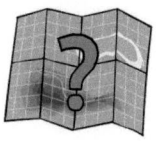
nerede?
qayda?

ne zaman?
qayçan?

isim
isem

nerede
qayda

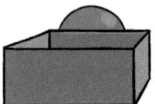

arkasında
artta

içinde
eçendə

önünde
aldında

üzerinde
östendə

üstünde
östendə

altında
astında

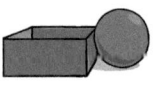

yanında
yanında

arasında
arasında

yer
urın